BEI GRIN MACHT SICH IHF WISSEN BEZAHLT

- Wir veröffentlichen Ihre Hausarbeit, Bachelor- und Masterarbeit

- Ihr eigenes eBook und Buch - weltweit in allen wichtigen Shops

- Verdienen Sie an jedem Verkauf

Jetzt bei www.GRIN.com hochladen und kostenlos publizieren

Bibliografische Information der Deutschen Nationalbibliothek:

Die Deutsche Bibliothek verzeichnet diese Publikation in der Deutschen National-
bibliografie; detaillierte bibliografische Daten sind im Internet über http://dnb.d-
nb.de/ abrufbar.

Impressum:

Copyright © 2018 GRIN Verlag
Druck und Bindung: Books on Demand GmbH, Norderstedt Germany
ISBN: 9783668758803

Dieses Buch bei GRIN:

https://www.grin.com/document/431810

Paul Jahn

Ethereum Chancen und Risiken der Blockchain APP Plattform

GRIN Verlag

GRIN - Your knowledge has value

Der GRIN Verlag publiziert seit 1998 wissenschaftliche Arbeiten von Studenten, Hochschullehrern und anderen Akademikern als eBook und gedrucktes Buch. Die Verlagswebsite www.grin.com ist die ideale Plattform zur Veröffentlichung von Hausarbeiten, Abschlussarbeiten, wissenschaftlichen Aufsätzen, Dissertationen und Fachbüchern.

Besuchen Sie uns im Internet:

http://www.grin.com/

http://www.facebook.com/grincom

http://www.twitter.com/grin_com

Ethereum Chancen und Risiken der Blockchain APP Plattform

Seminararbeit

Lehrstuhl für Informationssysteme in Dienstleistungsbereichen
Otto-Friedrich-Universität
Bamberg

von
Paul Jahn

Studienrichtung: International Information Systems Management
5. Fachsemester

Inhaltsverzeichnis

Abbildungsverzeichnis

Tabellenverzeichnis

Abkürzungsverzeichnis

dAPPS:	Dezentralisierte Applikationen
DAO:	Dezentralisierte autonome Organisationen
P2P:	Peer-to-Peer

1. Einleitung

„Ich zerstöre Jobs und schaffe bessere" (Moynihan, 2018) mit diesem Satz antwortete Vitalik Butertin, Gründer von Ethereum, auf die Frage, ob seine Technologie Geschäftsmodelle einiger Branchen überflüssig machen könnte. In der Tat wird der Blockchain Technologie von Ethereum eine große Zukunft voraus gesagt. So titelt beispielsweise das Handelsblatt *„Blockchain – eine Technologie verändert die Welt"* (Döner et al., 2018). Auch einflussreiche Politiker wie der Bundesminister Jens Spahn sehen durchaus großes Potenzial in der neuen Technologie: *„Die Blockchain wird die Welt massiv verändern"* (Krempl, 2017).

Bekannt wurde die Blockchain und ihre Einsatzmöglichkeiten vor allem durch Bitcoin. Die Anwendung wurde 2009 von Satoshi Nakamoto ins Leben gerufen und brachte zwei entscheidende Neuheiten. Zum einem entstand die revolutionäre Kryptowährung Bitocoin die ihren Wert seit ihrer Einführung um zwischenzeitlich *„2.500%"* (o.V., 2018) steigern konnte. Und zum anderen entstand die Blockchain Technologie hinter Bitcoin, die vielen andern Anwendungen als eine Art Blueprint gedient hat.

So ist auch Ethereum und dessen Blockchain auf Grundlage der Bitcoin Blockchain aufgebaut. Im Gegensatz zu Bitcoin, welches als reines Währungssystem konzipiert wurde, hat Ethereum allerdings ein weit größeres Einsatzspektrum. So können mithilfe von Smart Contracts, DApps und DAO's viele neue Geschäftsfelder realisiert werden. Die Einsatzmöglichkeiten gehen also weit über die einer reinen Kyrptowährung hinaus. So kann Ethereum dritte Parteien wie beispielsweise Banken durch direkte Peer to Peer Beziehungen überflüssig machen (Woodside et al., 2017). Aber auch Dienstleistungsunternehmen wie Uber und Airbnb, die als Intermediär zwischen Kunden fungieren, könnte durch Ethereum die Geschäftsgrundlage genommen werden. Die Veränderungen, die diese Anwendung mit sich bringt, könnten also tatsächlich so weitreichende Folgen haben, wie es Vitalik Buterin durch seine Aussage bereits angedeutet hat. Fraglich ist jedoch, ob Ethereum auch tatsächlich *„[...] bessere [Jobs]"* (Moynihan, 2018) schafft. Hierbei lassen sich durchaus Parallelen zu den Anfängen der industriellen Revolution ziehen. Auch dort wurden im Zuge einer neuen Technologie neue Geschäftsmodelle entwickelt. Menschliche Arbeit wurde durch automatisierte Prozesse ersetzt.

Im Gegensatz dazu sieht Vitalik Buterin seine Technologie allerdings als eine Bereicherung für die Arbeitswelt *„[...] Instead of putting the taxi driver out of a job, blockchain puts Uber out of a job and lets the taxi drivers work with the customer directly"* (Buterin, 2016). Es stellen sich also folgende Fragen: Ist die Blockchain Technologie von Ethereum wirklich die Technologie der Zukunft? Und falls ja, welche Chancen und Risiken ergeben sich nicht nur für die einzelne Unternehmen, sondern auch für die gesamte Gesellschaft und Wirtschaft?

Diese Arbeit befasst sich mit den genannten Fragen, um die spezifischen Vor- und Nachteile der Blockchain Technologie von Ethereum herauszuarbeiten. Zum besseren Verständnis der komplexen Themen, wird sich die Arbeit zunächst mit der Historie, den Grundlagen der Blockchain sowie den Bestandteilen von Ethereum beschäftigen. Darauffolgend wird der Vorgang der Recherche mittels eines Literatur Reviews wiedergegeben, bevor die Ergebnisse der Vor und Nachteile aufgezeigt, und in einer Diskussion abschließend bewertet werden.

2.   Blockchain Historie

Um Ethereum und dessen Technologie zu verstehen, ist es wichtig, sich mit dem Grundkonzept der Blockchain auseinander zusetzen. Der Grundbaustein zu Block-chain wurde bereits 1979 von Ralph Merkle mit seinem *„[...] Prinzip von Hash-Bäumen auch ‚Merkle Tree' [genannt gelegt]"* (Burgwinkel, 2016, S. 37). So ermöglicht diese Vorgehensweise unter anderem eine sichere und effiziente Verifikation von Inhalten größerer Datenstrukturen, die für die Umsetzung der Blockchain essentiell sind (Schwalm, o. J.). Daran anknüpfend erschien 1991 ein wissenschaftlicher Artikel von Stuart Haber und W. Scott Stornetta über das sogenannte *„[...] ‚linked timestamping'"* (Burgwinkel, 2016, S. 37) das sich mit dem Zeitstempeln von Dokumenten und der anschließenden Verkettung mit den Zeitstempeln auseinandersetzt. Die Entwicklung der Blockchain wurde 1997 von Nick Szabo und seiner Idee von sogenannten „Smart Contracts" fortgesetzt, die speziell für Ethereum aber auch für andere Anbieter und deren Blockchain Technologie von großer Bedeutung sind. Die vorangegangen Publi-kationen und Konzepte bildeten die Basis zur Entstehung des wohl bekanntesten und größten Netzwerks Bitcoin (Burgwinkel, 2016). Dort wird die Blockchain und deren Technologie bevorzugt als Plattform von *„[...] sogenannten ‚virtuellen Währungen' [genutzt]"* (Brühl, 2017, S. 1). Dabei steht vor allem das sichere und dezentrale Han-deln der Kyrptowährung Bitcoin ohne Intermediäre im Vordergrund (Brühl 2017). Da bei der Fokussierung auf den Handel von Kryptowährungen allerdings viel Potenzial ungenutzt blieb, wurden 2013 mit Ethereum, und 2015 mit Hyperledger zwei weitere Plattformen gegründet, die auf dem Grundgerüst der Bitcoin Blockchain aufbauen. So verfolgt Ethereum das *„[...] Ziel, eine weltweite, offene Plattform für Blockchain An-wendungen zu gründen"* (Burgwinkel, 2016, S. 38), während sich Hyperlegder auf die Entwicklung von Blockchain Anwendungen für Unternehmen fokussiert (Burgwinkel, 2016).

2.1   Aufbau von Blockchains

Grundlegend setzt sich jede Blockchain aus drei Grundelementen zusammen: Dem Block, hierbei handelt es sich um *„[...] eine Liste mit Transaktionen, die über einen be-stimmten Zeitraum in einem Ledger (Kontobuch) aufgezeichnet werden"* (Laurence, 2018, S. 26). Dabei unterscheiden sich die Größe, der Zeitraum und das auszulösen-de Ereignis je nach ausgewählter Blockchain. Jeder Block hat einen sogenannten Header, der aus ID, Zeitstempel, der Komplexität des Codes und einer Buchstaben- und oder Zahlenfolge besteht, die sich aus dem Hash-Wert des vorherigen und dem aktuellen Block zusammensetzt. Des Weiteren gibt es ein Datenfeld, in dem die Transaktionsdaten enthalten sind (Meinel et al., 2018). Alle Blockchains zeichnen ihre Bewegungen von Kryptowährungen und Tokens auf, auch wenn die Aufzeichnung und Sicherung eines Datensatzes über die Bewegung ihrer Kryptowährung nicht im-mer das Hauptziel ist. Eine Transaktion hingegen kann als eine Anhäufung von Daten angesehen werden, welche durch Zuweisung eines Wertes beschrieben wird (Laurence, 2018) .

Bei der Kette (Englisch: Chain) handelt es sich um *„ein[en] Hash-Schlüssel, der Blö-cke verknüpft [und] sie mathematisch ‚verkettet'"* (Laurence, 2018, S. 26). So entsteht durch die *„Hash-Funktion [...] [ein] mathematischer Algorithmus, der Daten beliebiger*

Größe auf einen Bit-String fester Größe abbildet" (Laurence, 2018, S. 26). Dieser ist im Normalfall 32 Zeichen lang und steht dabei für die Daten, bei denen „Hashing durchgeführt wurde" (Laurence, 2018, S. 26). Bei Blockchains wird neben andern verschlüsselten Hash Funktionen vermehrt der „Secure Hash Algorithm (SHA) [genauer gesagt der] SHA-256 [genutzt]" (Laurence, 2018, S. 26). Dieser erstellt einen fast unwiderlegbare Hash-Schlüssel „fester Größe (256 Bit,32 Byte)" (Laurence, 2018, S. 26). Vereinfacht kann man sich einen Hash-Schlüssel also als eine Art Fußabdruck von Daten vorstellen, mit dem diese in einer festen Position innerhalb der Blockchain gehalten werden. So wird beispielsweise eine doppelte Ausgabe von Geldeinheiten verhindert. (Laurence, 2018)

Die finale und dritte Komponente ist das Netzwerk. Dieses „setzt sich aus ‚vollständigen Knoten' zusammen" (Laurence, 2018, S. 26). Unter Knoten versteht man die im Netzwerk enthaltenden Computer, die über die ganze Welt verteilt sein können. Diese führen verschiedene Algorithmen im Einzelnen aus, die dann vom gesamten Netzwerk synchronisiert bzw. gesichert werden. So erhält jeder Knoten „eine vollständige Aufzeichnung aller Transaktionen, die je in dieser Blockchain aufgezeichnet wurden" (Laurence, 2018, S. 26). Der Betrieb von Knoten ist komplex und zeitintensiv, weshalb die Betreiber für ihre Dienste durch den Blockchain Algorithmus belohnt werden. Die Belohnung ist in der Regel ein Token oder eine Kryptowährung wie Bitcoin oder Ether. Dieser Vorgang wird auch „Mining" genannt. (Laurence, 2018)

2.1.1 Auswahl des Konsensalgorithmus

Die Problematik, die bei einem System, das auf mehrere Rechner verteilt ist und bei dem einzelne von diesen fehlerhaft sein können, „ist auch als Problem der byzantinischen Generälen bekannt" (Meinel u. a., 2018, S. 44). Um diese Problematik zu verhindern und eine richtige Reihenfolge der Blöcke in der Blockkette sowie eine Manipulationssicherheit zu gewährleisten, werden in der Praxis verschiedene Konsensalgorithmen genutzt. Angefangen mit dem „Byzantine Agreement Algorithmus (BA)" (Meinel et al., 2018, S. 45), der eine spezifische Lösung für das Problem der byzantinischen Generäle bietet und somit einen Konsens zwischen den Knoten („Generälen") in einem „synchronen System mit einem Drittel fehlerhafter oder böswilliger Knoten [bietet]" (Meinel u. a., 2018, S. 45). So erstellt jeder vom Rechner bzw. Nutzer erzeugter Knoten „einen Vektor mit denjenigen Werten, die er von andern Knoten erhalten hat" (Meinel u. a., 2018, S. 45). Nach der Konstruktion der Vektoren werden diese untereinander ausgetauscht. So prüft jeder Knoten alle erhaltenen Werte aus jedem Vektor, trifft auf dessen Grundlage eine „[...] Mehrheitsentscheidung und verwendet dieses als Ergebnis des Algorithmus" (Meinel et al., 2018, S. 45). Dabei gibt es allerdings zwei Einschränkungen, die für die Lösung zu beachten sind. So ist das „Versenden von mündlichen und signierten Nachrichten" (Meinel et al., 2018, S. 45) nicht gestattet. Es sind des Weiteren noch andere Nebenbedingungen nötig, um den Algorithmus „[...] in einem verteilten Netzwerk mit gleichberechtigten Knoten, deren Anzahl dynamisch wächst, [einzusetzen]" (Meinel et al., 2018, S. 45). Eine Fortführung bzw. Verbesserung des BA ist der „Federated Byzantine Agreement Algorithmus (FBA), [der] im Rahmen des Stellar Consensus Protocol (SCP) [auf der] Finanzplattform Stellar [entwickelt wurde]" (Meinel et al., 2018, S. 45). Im Vergleich zum Vorgänger weist dieser einige Veränderungen, wie beispielsweise das Prinzip der „sogenannten Quorum Slices [und dem] Federated Voting" (Meinel et al., 2018, S. 45) auf. Der wohl populärste Konsensalgorithmus ist allerdings der sogenannte „Proof-of-Work (PoW)"

(Meinel et al., 2018, S. 45). Dieser wird zum Beispiel von Bitcoin für die Aufrechterhaltung der Blockchain sowie die Erzeugung neuer Bitcoins genutzt. Dabei wird der „Miner" (wie bereits oben erwähnt) für jeden neu erstellten Block durch den Algorithmus mit neuen Bitcoins sowie den von Nutzern erfassten Transaktionsgebühren entlohnt. Auch wenn der PoW der im Moment am meisten genutzte Konsensalgorithmus ist, gibt es durchaus Kritik. So entsteht durch den Mining Vorgang der Betreiber ein erheblicher Stromaufwand. Im Kontrast dazu steht der „Proof-of-Stake (PoS) [Algorithmus]" (Meinel et al., 2018, S. 46). Dieser ist auf Grundlage des Kontingents an digitalen Münzen und nicht auf den reinen Abreitsaufwand für das „Mining" aufgebaut. So ergeben sich die die Zugriffrechte auf die Blöcke auf Grundlage der virtuellen Münzen, die im Besitz des Nutzers (Knotens) sind.(Meinel et al., 2018)

2.2   Verschiedene Typen der Blockchain

Grundlegend ist die Blockchain „[...] eine Datenstruktur, die es ermöglicht, eine Art digitales Kontobuch (das sogenannte ‚Ledger') mit Daten zu erstellen und es über ein Netzwerk unabhängiger Parteien zu teilen" (Laurence, 2018, S. 23). Dabei gibt es unterschiedliche Arten von Blockchains.

2.2.1 Öffentliche Blockchain

Die öffentliche Blockchain ermöglicht allen Nutzern das Senden und Empfangen von Transaktionen sowie die Einsicht in die Aufzeichnungen der Blockchain (Meinel et al., 2018). Des Weiteren ist sie dezentral und arbeitet mithilfe der Nutzung von speziellen Token. Die Bitcoin Blockchain ist wohl das bekannteste Beispiel für eine öffentliche Blockchain. (Laurence, 2018)

2.2.2 Permissioned Blockchain

Bei permissioned Blockchains erfolgt die Aufteilung der Nutzerrollen auf Grundlage der Blockchain. So ergeben sich unterschiedliche Nutzungsrechte innerhalb der Blockchain. Wie bei den öffentlichen Blockchain handelt es sich zunehmend „[...] um große und verteilte Systeme, die ein natives Token verwenden." (Laurence, 2018, S. 23) Das bekannteste Beispiel für eine permissioned Blockchain ist die Ripple Blockchain.

2.2.3 Private Blockchain

Private Blockchains werden in der Regel in einem kleineren Rahmen umgesetzt. Des Weiteren haben Nutzer unterschiedliche Zugriffsrechte. Sie haben beispielsweise keinen Zugriff auf die Aufzeichnungsdaten der Blockchain. Auch „ [...] die Berechtigung, die Blockchain fortzuschreiben und Transaktionen zu erstellen, ist auf eine Gruppe von Nutzern eingeschränkt" (Meinel u. a., 2018, S. 58) Durch diese Maßnahmen und der geringeren Anzahl von Nutzern sind Veränderungen bei der Software allerdings leichter durchzuführen. Die Private Blockchain ist deshalb vor allem für Unternehmen und deren interne Aktivitäten geeignet. (Meinel u. a., 2018)

2.3   Erzeugung einer Blockchain

Zu Beginn der Bildung einer Blockchain werden einzelne „[...] Datensätze von einer Applikation erzeugt [...]" (Burgwinkel, 2016, S. 22). Daraufhin werden diese zu den im Netzwerk „[...] verteilten Rechnen übertragen und jedes Rechnersystem (Knoten) führt die kryptographische Funktion aus" (Burgwinkel, 2016, S. 24) Die darauffolgende Blockbildung wird von dem Knoten ausgeführt, „[...] welcher den ‚Wettbewerb' gewinnt

[...]" (Burgwinkel, 2016, S. 24). Wird die Blockchain mit einer Kryptowährung betrieben, so wird dem Rechnerknoten (Miner) ein Betrag als Belohnung gutgeschrieben. Im nächsten Schritt werden *„die Datensätze [zu] einem Block zusammengefasst und ein Hashwert [wird] erzeugt"* (Burgwinkel, 2016, S. 25). Dabei werden die Daten und Hashwerte *„[...] mit der Nummer des Vorgängerblock in Block Nr.1 gespeichert"* (Burgwinkel, 2016, S. 25). Im darauffolgenden Block Nr.2 wird auf Block Nr.1 verwiesen und die neuen Datensätze werden hinzugefügt. Die Blockchain, welche sich nun aus Block Nr.1 und Block Nr.2 zusammensetzt, wird nun auf alle im Netzwerk enthaltenden Rechner kopiert. Somit existieren gleich mehrere Kopien der Blockchain. (Burgwinkel, 2016)

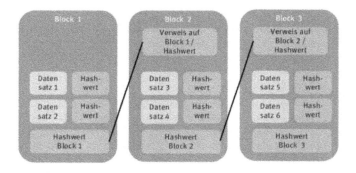

Abbildung 1 : Beispiel des Blockchain Prinzips (Burgwinkel, 2016, S. 6)

2.4 Smart Contracts auf Grundlage der Blockchain

In seinem Artikel bezeichnet Thomas Heinz Meitinger das Internet *„[...] als Internet of Information"* (Meitinger, 2017). Nur Daten und Informationen können unmittelbar und ohne Intermediär zwischen zwei Beteiligten transferiert werden. So benötigt man beispielsweise für den Kauf von Gegenständen *„[...] eine dritte vertrauenswürdige Instanz, zum Beispiel einen virtuellen Marktplatz"* (Meitinger, 2017, S. 1), um einen reibungslosen und sicheren beziehungsweise betrugsfreien Handel zu gewährleisten. Hier können die Smart Contracts eingesetzt werden, um dritte Parteien und Intermediäre überflüssig zu machen. Blockchains haben zwei Merkmale, die Vertrauen in die durchgeführte Transaktion herstellen können. Zum einem ist die Transparenz zu nennen, die sich innerhalb der Blockchain durch die allgemeine Einsehbarkeit ergibt (Meitinger, 2017). Zum anderen sind es die automatisierten Smart Contracts, die vertraglich vordefinierte Regelungen ausführen. So können *„[...] echte Peer-to-Peer-Geschäfte über Waren oder Geld [ermöglicht werden]"* (Meitinger, 2017, S. 1). Das *„[...] Internet of Information"* wird [zum] *„Internet of Values"* (Meitinger, 2017).

2.5 Ethereum

Ethereum basiert wie sein bekannter Vorgänger Bitcoin auf einer Blockchain Technologie. Der Unterschied liegt (wie Anfangs bereits erwähnt) im Anwendungsbereich. So wurde Ethereum bereits zu Beginn als *„Software-Entwicklungsplattform für dezentrale Applikationen konzipiert, und die Ethereum-Blockchain [...] speziell entwickelt, um die Ausführung [von] dezentralen Apps (auch dAPPS genannt) zu unterstützen"* (Sixt, 2017, S. 189).

2.5.1 Dezentrale Apps (dAPPS)

dAPPS wurden als Programme konzipiert, die auf der Blockchain, und damit parallel auf allen Rechnern im Netzwerk ausgeführt werden (Swan, 2015). Grundsätzlich kann der Aufbau eine dezentralen App mit dem einer traditionelle Website verglichen werden. Im Unterschied zu dieser ist die dAPP allerdings über Smart Contracts mit der Blockchain verbunden und nicht via API mit einem zentralen Server oder zusätzlichen Datenbanken (Buterin, o. J.).

2.5.2 Ether

Ether ist die in Ethereum enthaltende Kryptowährung. Im Gegensatz zum Bitcoin bei Bitcoin wird Ether allerdings nicht nur als reines Währungssystem sondern auch als Transaktionsgebühr und Spamschutz genutzt. Dies wird durch ein anders Mining-Konzept ermöglicht bei dem *„[...] die Miner nicht nur Transaktionen verifizieren, sondern die in den Transaktionen enthaltenden Codes auch ausführen"* (Sixt, 2017, S. 190). Die Transaktionsgebühr setzt sich dabei aus der Größe und Schwierigkeit des Codes zusammen, wodurch ein Anreiz gegeben werden soll möglichst effektiven Code zu schreiben. Auch die Rechenkapazität im Ethereum Netzwerk (welche beispielsweise für Smart Contracts genutzt werden kann) muss mittels Ether erworben werden. Im Gegenzug können Anwender allerdings auch Ether verdienen, indem sie Rechenkapazität für das Ethereum-Netzwerk bereitstellen. (Sixt, 2017) Des Weiteren lässt sich die Währung in kleinere Einheiten mit den Namen *„Finney, Szabo, Shannon, Babbage, Lovelace und [in die kleinste Einheit] Wei [unterteilen]"* (Sixt, 2017, S.190)

2.5.3 Decentralized Autonomous Organization (DAO)

Nach Shermin Voshmgir sind DAO's *„[..] eine neue Form der Organisation, deren Statuten, Geschäftsfelder, Gesellschaftsvertrag oder Satzung durch einen Smart Contract abgebildet und automatisch ausgeführt werden."* (Voshmgir, 2016, S. 14) Vereinfacht ausgedrückt werden also Grundregeln nach dem Mehrheitsprinzip von den Mitgliedern beschlossen, die dann mit Hilfe eines Smart Contracts realisiert werden können. Durch diese Automatisierung kann ein zentral organisiertes Management des Tagesgeschäftes überflüssig gemacht werden. Die Einsatzfelder der DAO sind nahezu unbegrenzt, so wurden sie zwar ursprünglich für Fundraising-Zwecke entwickelt, können aber auch für geschäftliche und gemeinschaftliche Zwecke genutzt werden. So bietet Ethereum einen Art Grundgerüst, das auf den Einsatzzweck der Organisation zugeschnitten und nach Belieben auch durch externe Komponenten erweitert werden kann. (Voshmgir, 2016)

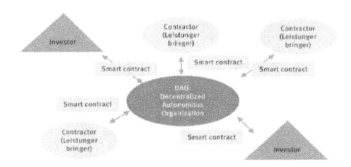

Abbildung 2 : Konzept einer DAO (Burgwinkel, 2016, S. 329)

2.5.4 The DAO Hack

Die erste offiziell in Ethereum erstellte DAO wurde „The DAO" genannt. Mit einem Wert von ca. 163 Millionen Dollar, der in nur 26 Tagen von 11.000 Mitgliedern gesammelt wurde „[...] handelte es sich um das größte Crowdfunding-Projekt der Welt" (Laurence, 2018, S. 68) Gleichzeitig wurde bei dem Projekt der erste große Hack auf Ethereum, wenn auch nicht direkt auf das Netzwerk durchgeführt. So konnte ein Hacker durch einen schlecht formulierten Codepfad im Contract ca. 50 Millionen Dollar entnehmen. Bei diesem Hackerangriff wurden allerdings weder die Regeln der Dao verletzt, noch hatte der Hacker sich ins System hacken müssen. Von einem technischen Standpunkt betrachtet tat er also nichts Unrechtes. Durch den Vorfall brach eine heftige Debatte um die Frage, wie mit der Situation umzugehen sei, aus. Auch wenn einige der Ansicht waren, dass die Regeln des Codes bzw. die Unveränderbarkeit der Blockchain „Gesetz" sei, und es deshalb keine Veränderung bzw. Korrekturen geben dürfe, entschied sich die Ethereum-Community schließlich doch für den sogenannten „Hard Fork" (Harte Abspaltung). Dabei wurde ein neues Ethereum mittels einer abwärtskompatiblen Änderung des Protokolls erstellt, wodurch die vom Hacker durchgeführten Transaktionen rückgängig gemacht wurden. Das alte Ethereum blieb allerdings bestehen und wurde in „Ethereum Classic" umbenannt (Laurence, 2018). Während einige in der Community der Änderung eher skeptisch gegenüberstanden, fand Vitalik Buterin allerdings durchaus positive Worte *„I personally like hard forks. Particularly, I like the fact that they give users a measure of control, requiring them to opt in to protocol changes. Sure, they can be a little more chaotic if they're controversial, but that's the price of freedom."* (Rosic, 2017). Trotz der positiven Einstellung des Gründers gegenüber des Hard Forks gab es eine Welle der Entrüstung. So wurde mit dem Vorgang schließlich eines der Grundprinzipien, nämlich die Unveränderbarkeit der Blockchain infrage gestellt (Laurence, 2018).

3.   Methodik des Literatur Reviews

Das Ziel dieses Literatur Reviews ist die systematische Literaturrecherche des repräsentativen Forschungsstandes, den es aktuell zu Ethereum und dessen Blockchain Technologie gibt. In den hier folgenden Kapiteln wird zunächst die Vorgehensweise und anschließend die angewandte Forschungsmethodik erläutert.

3.1   Vorgehensweise

Zu Beginn wurde eine Stichwortsuche mit Schlagwörtern aus Beiträgen von hochrangigen Journalen bei EBSCOhost und Google Scholar durchgeführt. Dabei wurde die Auswahl auf Journale, die mindestens eine A oder A+ beim aktuellen VHB-Teilranking der Wirtschaftsinformatik (Stand: 2018) haben, eingegrenzt, um möglichst qualitativ hochwertige Beiträge zu erhalten. Des Weiteren wurde die Recherche auf englischsprachige Journale ausgeweitet. Da die Suche (begrenzt auf Top Journale) allerdings nur 7 Suchergebnisse einbrachte, wurde die Suche auf Konferenzen in der AIS Libary ausgeweitet. Zunächst wurden alle Artikel, die die Schlagwörter beinhalteten ausgewählt. Die Ergebnisse erwiesen sich mit 134 Treffern als zu umfangreich, weshalb nur die Artikel, deren Titel teilweise die Schlagwörter der Suche enthielten, ausgewählt wurden. Dabei handelt es sich um 4 Konferenzen. Daraufhin wurden alle Artikel untersucht und eine Vorwärts- und Rückwärtssuche durchgeführt. Da es sich bei der Blockchain Technologie (speziell von Ethereum) um eine sehr neue Technologie handelt, und es deshalb noch keine große Auswahl an Beiträgen gibt, wurde hier keine Eingrenzung auf Top Journale vorgenommen. Die Suche brachte 8 und 9 Treffer. Im Anschluss wurde ein Suche nach Fachliteratur im Bamberger Katalog durchgeführt. Dabei wurde nach Suchergebnissen mit Schlagwörtern im Titel gefiltert. Die Suche ergab 26 Treffer. Eine genaue Ansicht in Form einer Tabelle der Suchanfragen ist im Anhang wiederzufinden.

3.2 Auswertungsmethodik

Aufbauend auf die Literaturrecherche wurde eine Konzeptmatrix mit den Themenschwerpunkten und Charakteristika erstellt. Dabei konnten drei Konzepte aus den Artikeln herausgearbeitet werden. Das erste Konzept, welches sich durch die Konzeptmatrix darstellen lässt, ist die Technologie hinter Ethereum und der Blockchain. Da dieses Konzept bereits im vorherigen Kapitel 2 im Detail beschrieben und erklärt wurde, erfolgt an dieser Stelle keine weitere Thematisierung. Das zweite Konzept beinhaltet die unterschiedlichen Nutzergruppen. Hierfür wurde eine Unterteilung in die Nutzergruppen Enduser, Entwickler und Miner durchgeführt. Im finalen und dritten Konzept geht es um die unterschiedlichen Anwendungsfelder, die mit der Blockchain Technologie von Ethereum verwirklicht werden können. Da sich dieses Konzept in gleich mehrere Unterkonzepte aufteilen lässt, wurden nur die drei wichtigsten Bereiche behandelt.

3.3 Ergebnisse

In den nun folgenden Kapiteln werden die Konzepte, die aus der Literaturrecherche hervorgegangen sind, behandelt. Zu Beginn erfolgt eine Unterscheidung und Spezifikation der unterschiedlichen Nutzergruppen, die sich bei Ethereum ergeben. Darauffolgend werden die drei wichtigsten Anwendungsgebebiete der Blockchain wiedergegeben.

3.3.1 Die unterschiedlichen Nutzergruppen bei Ethereum

Grundsätzlich bietet Ethereum unterschiedliche Softwarekomponenten an, die sowohl von Endusern, Entwicklern als auch von den Betreibern von Knoten genutzt werden können (Burgwinkel, 2016). Der Enduser kann Ethereum gleich für mehrere Zwecke verwenden. So kann Ethereum, ähnlich wie Bitcoin, als Währungssystem eingesetzt werden. Dies ist allerdings nicht der eigentliche Zweck der Plattform. Ethereum sieht sich nämlich vor allem als Anwendung, bei der man Dienste mithilfe von Smart Contracts, DAO's und dAPPS in Anspruch nehmen kann (Sixt, 2017). Dies wird auch bei der zweiten Nutzergruppe (den Entwicklern) deutlich. So ist die Ethereum Blockchain im Gegensatz zu andern Blockchain Anwendungen, wie beispielweise Bitcoin, programmierbar. Für diese Zwecke wurde auch die eigens entwickelte Programmiersprache „Solididty" eingeführt, die unter anderem die Programmierbarkeit von Smart Contracts ermöglicht. Durch diese Modifikation können Smart Contracts noch besser auf die spezifischen Einsatzbereiche angepasst werden, wodurch die Attraktivität der Plattform gerade für Softwareentwickler noch gesteigert werden kann (Burgwinkel, 2016). Ein Schnittstelle für das Betreiben von Mining ist ebenfalls gegeben. So erfolgt die Belohnung mithilfe des Proof-of-Work Konsensalgorithmus dessen Funktionsweise bereits Kapitel 2 behandelt wurde. (Laurence, 2017)

3.3.2 Anwendungsbereiche von Ethereum

Ein großer Bereich, in dem die Blockchain Technologie von Ethereum angewendet werden könnte, ist der Öffentliche Sektor. Durch den Einsatz könnten viele Prozesse automatisiert und so kostengünstiger und schneller durchgeführt werden. So kann die Blockchain auch bei Registern und Eigentumsverhältnissen angewandt werden. Die Technologie ersetzt hierbei die „ [...] klassische Registerführung" (Welzel et al. 2017, S. 18) und schafft durch ihre genaue, kontrollierbare und für jeden ersichtliche Dokumentation der Transaktionen (die unveränderbar sind) ein sicheres Umfeld, in dem Korruption erschwert und der Prozess der Eigentumsübertragung schneller ausgeführt werden kann. Des Weiteren können durch die Blockchain Technologie auch interne Verwaltungstätigkeiten zwischen den Behörden schneller und leichter durchgeführt werden da „der Einsatz digitaler Signaturen nicht zwingend benötigt wird, um die Herkunft und Echtheit des Dokumentes sicherzustellen" (Welzel et al., 2017, S. 19) Auch bei der Verifikation und Bestätigung von Daten können Teile der Blockchain Technologie von Ethereum eingesetzt werden . So könnten die bereits in Kapitel 2 thematisierten Hash-Schlüssel die zurzeit noch verwendeten digitalen Signaturen ersetzen um beispielsweise die Echtheit von Dokumenten aber auch von Identitäten zu gewährleisten. Eine weitere Einsatzmöglichkeit der Technologie im öffentlichen Sektor könnte der Herkunftsnachweis von Produkten sein. So könnte die einzelnen Schritte der Wertschöpfungskette bzw. der Transaktionen zwischen den einzelnen Händlern in der Blockchain dokumentiert und so nachvollzogen werden. Durch diese Dokumentation wird den Behörden die Kontrolle von Produkten erheblich erleichtert, wodurch sich kürzere Kontrollzeiten ergeben könnten. Des Weiteren könnte die Technologie von Ethereum für mehr Transparenz im öffentlichen Sektor eingesetzt werden. So könnten öffentliche Belange, wie beispielsweise die Haushaltpläne von Bund und Ländern mithilfe einer Blockchain für jeden frei zugänglich gemacht werden, wodurch die Bürger leichter nachvollziehen könnten, in welche Investitionen wieviel Steuergelder geflossen sind. (Welzel et al., 2017)

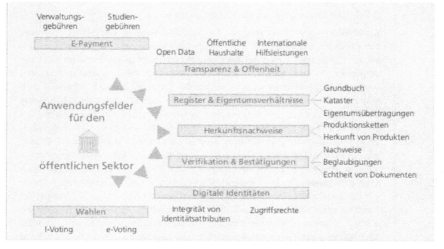

Abbildung 3 : Anwendungsmöglichkeiten der Blockchain im öffentlichen Sektor (Welzel et al., 2017, S. 18)

Eine weiterer Anwendungsbereich von Ethereum und dessen Blockchain Technologe könnte im Gesundheitswesen liegen. So könnte „ [..] *die Bezahlung der niedergelassenen Ärzte, der Apotheken sowie das Abrechnungsverfahren der Krankenkassen durch Smart Contracts auf der Blockchain abgewickelt werden*" (Voshmgir, 2016, S. 23). Dadurch könnte es zu einer erheblichen Kosten- und Zeitersparnis kommen. Zusätzlich würde die Blockchain durch ihre ständige Aufzeichnung aller Transaktion das Gesundheitssystem noch sicherer, und weniger anfällig für Fehler machen (Voshmgir, 2016). Eine weitere Technologie, die hier in Verbindung zu der Blockchain von Ethereum genutzt werden könnte, sind Smart Watches und andere Fitnesstracker. Diese könnten den Fitnesszustand von Patienten überwachen und so ein Gesundheitsprofil des Nutzers erstellen, welches automatisch innerhalb der Blockchain dokumentiert wird. Dies würde eine speziell an den Kunden angepasste Versicherung ermöglichen.(Meinel et al., 2018)

Mit der Energiewirtschaft gibt es einen weiteren Anwendungsbereich für die Blockchain von Ethereum. So können „*dezentrale Stromerzeuger (z.B. private Haushalte mit eigener Stromerzeugung durch Photovoltaikanlagen) [..]*" (Kastrati/Weissbart, 2016, S. 76) ihren Strom direkt weiter verkaufen. Eine Stromverkauf, der von Erzeuger zu Verbraucher ohne Intermediär abläuft könnte den Übergang von Kernenergie und fossilen Brennstoffen hin zu Erneuerbaren Energien erheblich erleichtern (Kastrati/Weissbart, 2016). So werden „*rund 50% der erneuerbaren Energien [..] von genossenschaftlich strukturierten Kleinproduzenten produziert [..]*" (Voshmgir, 2016, S. 24) Um diese effizient in das Stromnetz einzubinden muss eine Kopplung von „*[..] dezentraler Energieproduktion mit dezentraler Vertriebsstruktur [erreicht werden]*" (Voshmgir, 2016, S. 24) Eine Eingliederung der Blockchain Technologie ist allerdings nicht nur für private Stromerzeuger und Kleinproduzenten interessant. Auch Großkonzerne wie RWE investieren in die Blockchain Technologie, um neue Geschäftsfelder zu erschließen. Dabei liegt der Fokus allerdings auf der Elektromobilität. So will RWE, mithilfe des Ethereum Startups Slock.it, die Blockchain für die Überarbeitung bzw. die Weiterentwicklung von Ladestationen nutzen (Kastrati/Weissbart, 2016).

4.   Vor- und Nachteile der Blockchain von Ethereum

Um die Vor- und Nachteile von Ethereum bestmöglich erörtern zu können, ist eine Aufteilung in politische, wirtschaftliche, technische Anwendungsgebiete sinnvoll. Dazu werden die Bereiche im Einzelnen untersucht und herausgearbeitet, in wieweit die Blockchain hier von Vor- oder Nachteil sein kann.

4.1   Vor- und Nachteile im politischen/staatlichen Kontext

Setzt man sich mit der Blockchain in einem politischen beziehungsweise staatlichen Kontext auseinander so ist schnell zu erkennen, dass die Blockchain hier durchaus großes Potenzial bietet. Mithilfe der Blockchain kann zum Beispiel (wie bereits in Kapitel 3 beschrieben) jede/r Bürger/In in staatliche Handlungen einsehen (Woodside et al., 2017). Auch Anwendungen wie die DAO könnten von Regierungen eingesetzt werden, um demokratische Prozesse wie Abstimmungen zu automatisieren. Die Blockchain kann auf der anderen Seite aber gerade auch in Ländern, in den totalitäre Regime an der Macht sind helfen, staatliche Zensur an Medien und Journalisten zu verhindern. So können mithilfe von Transaktionen, Nachrichten in die Blockchain geschrieben werden, die für jeden frei zugänglich und dabei gleichzeitig nicht löschbar sind. (Welzel et al., 2017)

Neben den Vorteilen, die die Ethereum-Blockchain mit sich bringt gibt es allerdings auch einige Nachteile. So kann die Einbindung einer Blockchain in staatliche Handlungen zu hohen Kosten führen. Des Weiteren fehlt es in einigen Regionen noch an der technischen Infrastruktur, die einen flächendeckenden Einsatz in Ländern, wie beispielsweise Deutschland ermöglichen würde. Auch aus Datenschutzsicht könnte die Blockchain Technologie auf Probleme stoßen. So könnten beispielsweise Wahlen die mithilfe einer Blockchain durchgeführt werden, nicht vollkommen anonymisiert stattfinden (Welzel et al., 2017).

4.2   Vor- und Nachteile im unternehmerischen/wirtschaftlichen Kontext

Dass die Blockchain Technologie für Unternehmen und Branchen aller Art von Vorteil sein kann, wurde bereits in den vorherigen Kapiteln deutlich. Das gilt auch für kleinere Unternehmen und Startups wie Slock.it, deren Geschäftsmodell auf der Blockchain basiert. Diese nutzen die Blockchain Technologie auch um das sogenannte „Internet of Things" zu realisieren. *„Das Internet of Things (IOT) ist die Vision, dass jedes Ding der physischen Welt mit dem Internet und anderen Dingen vernetzt wird und so in der Lage ist, Daten über seinen Zustand für die Umwelt zu erfassen, und sich aus dem Internet Daten zu holen und Befehle zu empfangen"* (Sixt, 2017, S. 12) Des Weiteren kann die Blockchain helfen unternehmerische Abläufe zu automatisieren und so Zeit und Kosten einzusparen. So könnten beispielweise Geschäftsabwicklungen via Smart Contracts geregelt werden, wodurch ein sicherer und schneller Zahlungsverkehr gewährleistet wird. Ein weitere Vorteil, den Ethereum und seine Blockchain Technologie mit sich bringt, ist neben der Kosteneinsparung auch der Wegfall von Intermediären. So können Unternehmen beispielsweise Zahlungen mithilfe von Kryptowährungen abwickeln und würden so sowohl die Bankgebühren, als auch schwankende Wechselkurse von andern Währungen umgehen.

Die Nutzung der Ethereum Blockchain im unternehmerischen Kontext kann allerdings auch Nachteile mit sich bringen. So kann gerade die Automatisierung von Geschäftsprozessen zu Stellenabbau führen. Des Weiteren ist die Blockchain Technologie nicht für jede Unternehmung einsetzbar. Erfolgt hier keine genaue Kosten-Nutzen Analyse, kann sich die Blockchain auch als große Fehlinvestition erweisen. Auch der Einsatz der Blockchain zu Unterstützung des „Internet of Things" birgt einige Risiken. So wird für die Validierung der Transaktionen eine hohe Rechenleistung benötigt, und auch die Knoten benötigen gewisse Speicherkapazitäten. (Meinel et al., 2018)

4.3   Vor- und Nachteile im Technologischen Kontext

Bei der Ausarbeitung der Vor- und Nachteile ist es essenziell sich auch mit der Technologie hinter der Ethereum Blockchain zu beschäftigen. Ein Vorteil ist dabei die Fälschungssicherheit der Blockchain. Diese lässt sich wie bereits in vorherigen Kapiteln erwähnt auf den dezentralen Aufbau des Netzwerkes zurückführen. So erstellt jeder Knoten eine Kopie aller Transaktionen, wodurch Fehler oder Manipulationen spätestens bei der Synchronisation der Blockchain aufgedeckt werden (Voshmgir, 2016). Ein weiterer Vorteil der Blockchain ist die darin enthaltende Kryptografie. Sie *„[..] sorgt für Transparenz und Privatsphäre gleichermaßen"* (Voshmgir, 2016, S. 13) So wird, über die Verschlüsselung mittels kryptographischer Funktionen, ein gewisses Maß an Anonymität geschaffen. Zugleich sind die Blockchain und ihre Transaktionen aber für jeden Nutzer frei einsehbar. Ein weiterer Vorteil ist die Unveränderbarkeit der Blockchain. So können Transaktionen weder verändert noch gelöscht werden (Voshmgir, 2016). Besonders nützlich erscheint auch der Einbezug der Kryptowährung Ether. Sie vereinfacht die Bezahlung sowohl innerhalb, als auch außerhalb der Ethereum Anwendung. Auch die Nutzung von Smart Contracts, DAO's sowie dAPPS wird durch sie effektiver. Auch die Architektur der Ethereum Blockchain stellt einen technischen Vorteil dar. Durch diese wird ein „[..] dezentrales, autonomes, sicheres und transparentes System [erst möglich]" (Meinel et al., 2018, S. 24)

Neben den Vorteilen, die die Technologie von Ethereum mit sich bringt, gibt es durchaus auch Nachteile. So entsteht beim von Ethereum genutzten Proof-Of-Work Konsensalgorithmus durch die aufkommende Rechnerleistung ein erheblicher Stromverbrauch. Einige halten dies für Stromverschwendung. Des Weitern befindet sich Ethereum in einigen Bereichen noch in der Entwicklungsphase, weshalb die Technologie noch nicht ganz ausgereift ist (Meinel et al., 2018).

5. Diskussion

Die Blockchain von Ethereum bietet zweifellos viele neue technische Innovationen, die durchaus für Veränderungen in einigen Branchen sorgen könnten. Dennoch sollte sie nicht als eine Art „Allerheilmittel" angesehen werden. Die Einführung einer Blockchain Technologie, wie Ethereum, kann mitunter gerade in großen Unternehmen zu erheblichen Kosten führen und sollte deshalb wohl überlegt sein. Eine Kosten-Nutzenanalyse könnte hier durchaus sinnvoll sein, um festzustellen ob sich die Investition in die Blockchain für die jeweilige Unternehmung überhaupt lohnt. Des Weiteren ist anzumerken, dass die Blockchain in ihren Anwendungsmöglichkeiten durchaus begrenzt ist. So kann sie zwar viele Abläufe im Unternehmen automatisieren, ist allerdings (zumindest noch) nicht in der Lage intelligente Entscheidungen zu treffen. Die Entscheidungsgrundlage der Blockchain basiert also immer auf dem Code, auf dem sie geschrieben ist.

Darüber hinaus sollte man sich im Klaren sein, dass es sich bei der Blockchain Technologie zu Zeit noch um eine technische Innovation handelt, die sich noch in ihren „Kinderschuhen" befindet. Dadurch gehen Investoren durchaus Risiken ein, die aufgrund der noch fehlenden Standards und nicht vorhandenen Langzeitanwendungen schwer kalkulierbar sind. Zusammenfassend ist also anzumerken, dass Ethereum und dessen Blockchain Technologie mit seiner dezentralen Struktur, Smart Contracts, DAO und den dezentralen Applikationen durchaus das Potenzial hat eine Technologie der Zukunft zu werden. Es fehlt zum jetzigen Zeitpunkt allerdings noch die Anwendung die Ethereum in den Mainstream führt und so auch für die breite Maße zugänglich macht. Um dies zu ermöglichen sollte Ethereum auf eine stetige Weiterentwicklung ihrer Technologie setzten. Mit den Projekten „Metropolis [und] Serenity" (o.V. 2016) ist Ethereum auf einem guten Weg , der auch zukünftige Innovationen und Weiterentwicklungen der Blockchain Technologie verspricht.

Literaturverzeichnis

Brühl, V. (2017). *Bitcoins, Blockchain und Distributed Ledgers: Funktionsweise, Markt-entwicklungen und Zukunftsperspektiven. Wirtschaftsdienst,* 97(2), 135–142.

Burgwinkel, D. (2016). *Blockchain Technology: Einführung für Business- und IT Ma-nager.* Walter de Gruyter GmbH & Co KG.

Buterin, V. (o. J.): *A next generation Smart Contract & Decentralized Application Plat-form,* 36, ethereum.org (Abrufdatum: 15.05.2018).

Dörner, A., Holtermann, F., Knitterscheidt, K., Slodczyk, K., Wiebe, F. (2018): "Blockchain- eine Technologie verändert die Welt", http://www.handelsblatt.com/technik/it-internet/im-internet-der-werte-blockchain-eine-technologie-veraendert-die-welt/22576130.html?ticket=ST-3615440-Jf3BcVKdY3Te59sNWUGi-ap3, (Abrufdatum: 29.05.2018).

Kastrati, G., & Weissbart, C. (2016). "Kurz zum Klima: Blockchain – Potenziale und Herausforderungen für den Strommarkt, 4.".

Laurence, T. (2018). *Blockchain für dummies.* (J. Muhr, Übers.). Weinheim: Wiley-VCH Verlag GmbH & Co. KGaA.

Meinel, C., Gayvoronskaya, T., & Schnjakin, M. (2018). *Blockchain: Hype oder In-novation.* Potsdam: Universitätsverlag Potsdam.

Meitinger, T. H. (2017). *Smart Contracts. Informatik-Spektrum,* 40(4), 371–375. https://doi.org/10.1007/s00287-017-1045-2.

Krempl, S. (2017):*"Finanzstaatssekretär Spahn: 'Die Blockchain wird massiv die Welt verändern'",* https://www.heise.de/newsticker/meldung/Finanzstaatssekretaer-Spahn-Die-Blockchain-wird-massiv-die-Welt-veraendern-3827361.html (Ab-rufdatum: 20.05.2018)

Rosic, A. (2017): *"An Interview with Vitalik Buterin: Founder of Ethereum.",* https://www.huffingtonpost.com/entry/an-interview-with-vitalik-buterin-founder-of-ethereum_us_58a6e10be4b0fa149f9ac481 (Abrufdatum: 20.05.2018).

Schwalm, S. (o. J.). *Informationsforum „sicher ist sicher? – Beweiswert Digitaler Un-terlagen",* 20.

Sixt, E. (2017). *Bitcoins und andere dezentrale Transaktionssysteme.* Wiesbaden: Springer Fachmedien Wiesbaden. https://doi.org/10.1007/978-3-658-02844-2

Swan, M. (2015). *Blockchain: Blueprint for a New Economy.* O'Reilly Media, Inc.

o.V. (2016): *"The Homestead Release",* http://ethdocs.org/en/latest/introduction/the-homestead-release.html?highlight=metropolis (Abrufdatum: 31.05.2018).

o.V. (2018): *"Die Entwicklung von Bitcoin",*

https://www.pt-magazin.de/de/specials/dienstleistungen/die-entwicklung-von-bitcoin_jhj8czt6.html (Abrufdatum: 26.05.2018)

Moynihan, M. (2018): *"We met the Founder of Ethereum, Vice on HBO, Season 6 (BonusScene)",*

https://www.youtube.com/watch?v=eSPaNVYEWn8&feature=youtu.be

(Abrufdatum: 31.5.2018).

Voshmgir, S. (2016). *Blockchains, Smart Contracts und das Dezentrale Web,* 36.

Welzel, C., Eckert, K.-P., Kirstein, F., & Jacumeit, V. (2017). *Mythos Blockchain: Herausforderung für den Öffentlichen Sektor,* 36.

Woodside, J. M., Augustine Jr., F. K., & Giberson, W. (2017). *Blockchain Technology Adoption Status and Strategies.* Journal of International Technology & Information Management, 26(2), 65–93.

Anhang

Datenbank	Suchergebnisse	Suchanfrage	Filter
EBSCOhost	1	Ethereum OR Blockchain OR Smart Contracts OR DAO OR dAPPS OR Vitalik Buterin in title	Top A+/A Academic Journals
EBSCOhost	7	Ethereum OR Blockchain OR Smart Contracts OR DAO OR dAPPS OR Vitalik Buterin	Top A+/A Academic Journals
AIS Electronic Libary	4	Ethereum OR Blockchain OR Smart Contracts OR DAO OR dAPPS OR Vitalik Buterin in title	Schlagwörter im Titel
	8	Vorwärtssuche	
	9	Rückwärtssuche	
Bamberger Katalog	26	Ethereum OR Blockchain OR Smart Contracts in title	Schlagwörter im Titel
Google Scholar	14	allintitle Ethereum OR Smart Contracts OR Blockchain OR Vitalik Buterin OR DAO	Schlagwörter im Titel
Summe	69		

Tabelle des Literaturreviews

www.ingramcontent.com/pod-product-compliance
Lightning Source LLC
LaVergne TN
LVHW042314060326
832902LV00009B/1498